AF226610

COMBAT

DE

SAINT-CAST.

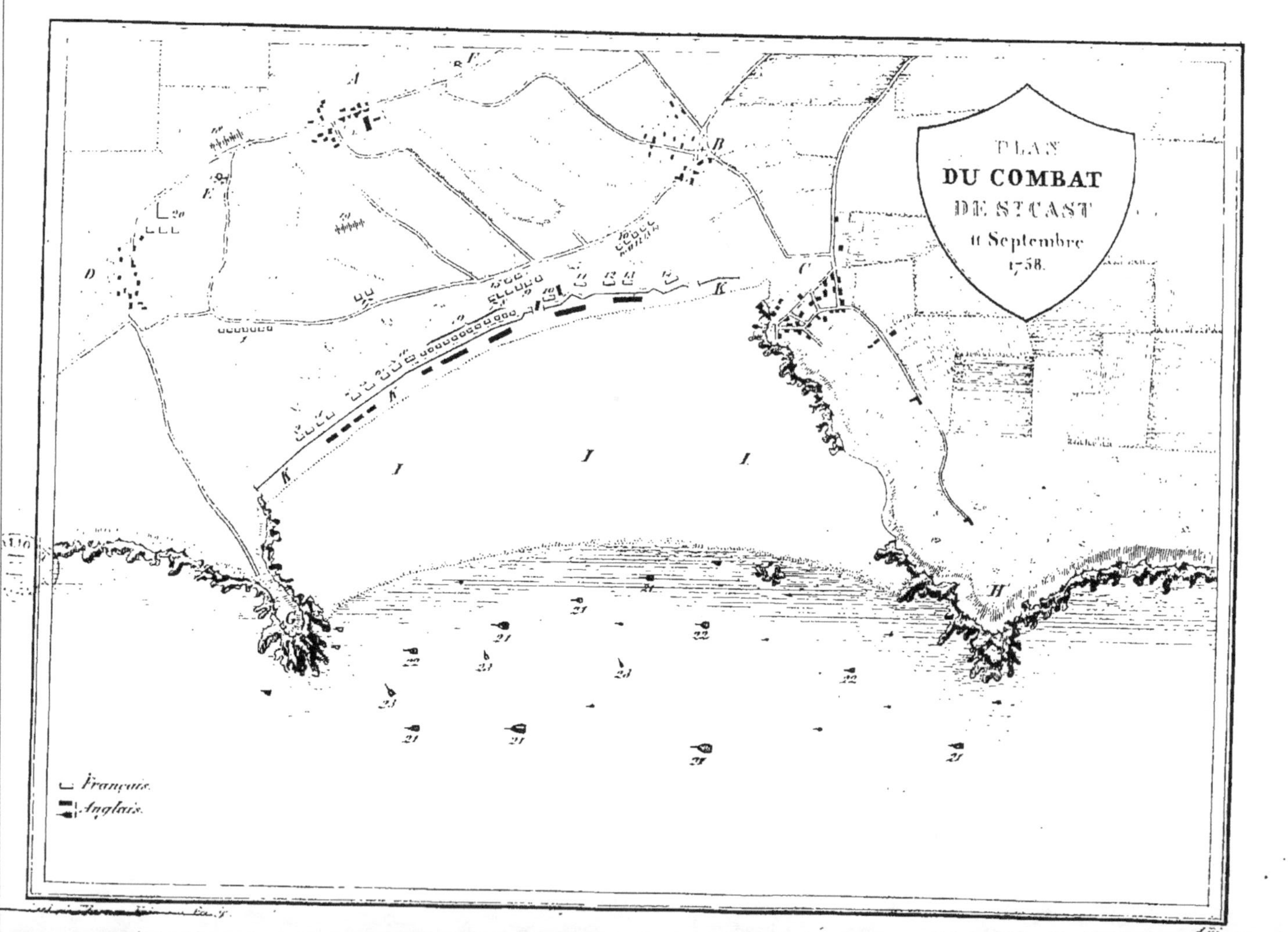
PLAN
DU COMBAT
DE ST CAST
11 Septembre
1758.
Français.
Anglais.

COMBAT

DE

Saint-Cast,

ORNÉ

UN PLAN DES LIEUX, SUIVI DES PIÈCES A L'APPUI
ET D'OBSERVATIONS SUR CE QUI A ÉTÉ JUSQU'ICI
PUBLIÉ A CE SUJET,

PAR

M. De Saint Pern Couëllan,

DÉPUTÉ DE L'ARRONDISSEMENT DE DINAN,

DINAN,

J.-B. HUART, IMPRIMEUR-LIBRAIRE.

1836.

COMBAT

DE

SAINT-CAST.

Aucun événement n'a produit parmi nous autant d'enthousiasme que la bataille de Saint-Cast, aucun n'a laissé autant de souvenirs, aucun n'a été si souvent raconté. Ce ne furent pas en effet des armées ennemies venues de loin pour se détruire dans nos champs; c'é-taient les Bretons eux-mêmes, qui, aidés de

quelques régiments, défendaient leurs foyers ;
c'étaient les milices, nos concitoyens de toutes
les classes, qui, surpris au milieu de leurs familles
par le cri de guerre, étaient accourus pour re-
pousser l'ennemi ; la victoire avait été prompte,
complète ; et cette fois elle était sans regrets et
sans remords. Le spectre hideux de la guerre ci-
vile n'avait pas souillé nos lauriers de son souffle
impur, ce qui ne s'était pas vu depuis les premiers temps de notre histoire ; les Bretons ne
s'étaient pas battus contre des Bretons, il n'y
avait eu pour eux qu'un cri, qu'un vœu, qu'une
Bretagne ; tous avaient rempli avec ardeur le
plus beau des devoirs, tous avaient combattu
pour chasser l'étranger de leur patrie.

Les mères, les femmes, les filles des com-
battants, qui avaient entendu le cliquetis des
armes, celles dont le cœur s'était serré à chaque détonnation des vaisseaux Anglais, heu-
reuses du retour de ceux pour lesquels elles
avaient tremblé se firent raconter mille fois les
plus minutieux détails de ce combat donné, pour
ainsi dire, sous leurs yeux. A leur tour elles
prenaient plaisir à redire le récit d'événements
qui avaient fait sur leur esprit une impression
si vive ; et, bien des fois l'histoire de ces jour-

nées, racontée près de notre berceau, **remplaça** pour nous les contes absurdes dont on se sert pour endormir les enfants.

Dans ma famille, tout me parlait de cette affaire de Saint-Cast, à laquelle plusieurs des miens avaient pris part. Dans le vieux manoir que j'habite, l'appartement où, au retour de mon grand père, fut déposé le drapeau du corps qu'il commandait, se nomme encore la chambre de *la Bannière;* tout près sont les appartements où logèrent les officiers Anglais qui y demeurèrent sur parole jusqu'au moment de leur échange. Aussi on concevra sans peine que j'aie voulu voir le champ de bataille dont tant de choses me rappelaient le souvenir. En 1834, je le visitai enfin avec tout l'intérêt que ces lieux pouvaient m'inspirer.

Je fus assez heureux pour rencontrer à Matignon un homme instruit, connaissant parfaitement le terrain que nous allions parcourir et les événements qui s'y étaient passés; je partis avec lui pour Saint-Cast, bourg d'environ 200 âmes, à sept lieues de Dinan, et chef-lieu d'une commune qui n'en compte pas 1,500 et n'en avait pas plus de 1,000 en 1758.

Son territoire borné au nord, à l'est et à l'ouest par la mer, représente une presqu'île, entrecoupée de coteaux d'où la vue s'étend au loin sur la mer qui baigne le rivage si pittoresque des Côtes-du-Nord.

Le Maire voulut bien nous confier le récit de la bataille, écrit sous l'impression du moment, par M. Maurice, alors curé de Saint-Cast. Munis de ce précieux manuscrit, nous nous dirigeâmes vers le rivage.

Le château de Saint-Cast qu'on rencontre avant d'arriver à la grève est un édifice d'une architecture moderne, et n'a de remarquable que sa belle position ; il date des premières années du 18.ᵐᵉ siècle ; la description qu'en donne un titre de partage de 1779, prouve qu'à cette époque, une partie des bâtiments était déjà en ruines. Peu d'instants après, nous étions sur les Mielles, (c'est ainsi qu'on nomme dans le pays, l'emplacement où se livra le combat), terrain sablonneux et inégal, à peu près dépourvu de végétation. Les arbres qui figurent sur le plan de la bataille dressé et publié par ordre des États ont été abattus ; rien ne les a remplacés, rien n'a repoussé ..... et cependant un sang généreux, celui d'hommes morts pour leur pays, avait coulé sur ce rivage.

La tradition seule désigne la place où furent enterrés les Anglais dans le sable qu'ils avaient ensanglanté; c'est tout près de ce lieu que furent déposés en 1833, les habitants du village de l'Isle, qui succombèrent au choléra.

Un silence de mort régnait partout; aucun vent ne soufflait; la mer était basse; on n'entendait même plus le bruit monotone des vagues qui s'éloignaient; c'était pourtant sur cette plage déserte et silencieuse, que, soixante-seize ans plus tôt, deux nations faites pour s'estimer, deux nations aujourd'hui amies, se combattaient avec fureur; c'était là que des hommes qui n'avaient individuellement aucun motif de haine, s'acharnaient à se détruire, et, pour augmenter leur rage, se prodiguaient des injures.

Nous longeâmes la grève jusqu'au village de l'Isle, qui, l'année précédente, avait été décimé par le choléra. Passant par le village de Lesrots, le moulin du Chêne et le bourg de Saint-Cast, nous arrivâmes au moulin d'Anne, où se tint le duc d'Aiguillon pendant le combat.

S'il n'y était venu, comme je le crois, que pour mieux observer les mouvements de l'en-nemi, pour mieux diriger les troupes dont la destinée lui était confiée, c'est ce que Napoléon lui-même aurait fait en pareille circonstance ; et certes alors, M. de La Chalotais n'aurait pas dit qu'il s'était *couvert de farine.*

Mais serait-il vrai, me disais-je, qu'ici, à cette place, un général Français ait un moment oublié l'immense responsabilité qui pèse sur le commandant d'une armée qui combat ? aurait-il été sourd un instant au bruit de l'artillerie qui foudroyait ses bataillons ? Forcé par un devoir impérieux de subir le supplice, affreux pour un homme de cœur, de rester à l'abri du danger auquel succombent ses compagnons, le chef de l'armée française, dans cette journée mé-morable, a-t-il eu d'autres pensées, d'autres désirs que de mériter la couronne que doit l'humanité à tout général qui obtient la vic-toire en ménageant le sang des hommes ? S'il était vrai, comme le dit une tradition populaire, que le duc d'Aiguillon ne fût pas uniquement alors dominé par ces grandes pensées, que, nourri des idées en honneur à la cour, à laquelle il tenait, l'auteur *des pièces choisies d'un Cosmopolite* et *des réflexions de Cyrus* ait trouvé piquant d'attaquer à la fois l'armée anglaise et la jolie meunière dont le mari combattait volontairement dans les rangs français , oh ! alors, je conçois la colère patriotique du vertueux La Chalotais, et je répéterai avec les vieux paysans de Saint-Cast : *Il n'était pas Breton, ce duc d'Aiguillon !*

Je sortis du moulin d'Anne le cœur serré ; j'étais sous l'empire d'une impression contraire à celle qu'on éprouve en se trouvant dans le lieu où s'est passée une action vertueuse ; là, le cœur se dilate ; on se repose à l'aise dans le passé, on oublie le présent, on espère pour l'avenir !

Nous ne pouvions quitter Saint-Cast sans aller au presbytère qu'avait habité le curé historien, le bon M. Maurice ; son digne successeur, ne s'y trouva pas pour nous recevoir ; mais le vicaire nous fit voir plusieurs projectiles tombés sur l'église et conservés encore dans une petite cour du presbytère en souvenir de la bataille.

La victoire remportée sur les Anglais à Saint-Cast est tellement populaire dans la partie de la Bretagne que nous habitons, que, sur cet événement, nous devons à nos concitoyens et aux étrangers qui visitent notre pays, tous les documents qu'ils pourront désirer, tous les détails qu'ils ne trouveraient ailleurs que disseminés dans un grand nombre d'ouvrages. Beaucoup de relations ont été publiées sur ce combat; elles contiennent, en général, des erreurs plus ou moins graves ; toutes sont incomplètes. Notre intention n'est pas d'en donner un récit nouveau, mais de rassembler sur un fait historique qui s'est passé dans notre arrondissement, les documents les plus authentiques; de rectifier quelques-unes des erreurs commises par ceux qui ont écrit sur cette affaire si glorieuse pour la Bretagne.

Je choisirai parmi les nombreuses relations qui ont été publiées jusqu'ici et que nous avons presque toutes consultées, celle du curé de Saint-Cast, qui, par son caractère de franchise et d'originalité, par la position de l'auteur, doit être distinguée de toutes les autres. Mais ce récit étant incomplet pour ce qui concerne la partie stratégique, nous y joindrons une relation inédite écrite dans le temps par un militaire qui a pris part à toutes les opérations. Ce manuscrit, retrouvé dans des papiers de famille, est celui dont Ogée a extrait la plus grande partie de son récit; dans beaucoup de passages il l'a copié textuellement, il en a supprimé d'autres qui nous paraissent intéressants; dans quelques endroits il a altéré le texte croyant peut-être l'embellir; il affirme gravement qu'à la fin de la bataille, les Anglais se jetaient à genoux et se *couvraient de chapelets* pour obtenir miséricorde. Il aurait peut-être dû expliquer comment sur le champ de bataille, ces hérétiques avaient pu se procurer tout-à-coup une aussi grande quantité de chapelets.

L'anecdote de l'officier Anglais, qui attendait les Français l'épée à la main en les injuriant, et qu'Ogée a cru devoir supprimer, nous paraît beaucoup plus dans le caractère de cette nation guerrière à laquelle il serait difficile de contester une grande bravoure. Les deux peuples qui se combattaient à Saint-Cast, se sont trouvés malheureusement trop souvent sur le champ de bataille pour ne pas se rendre toute la justice que se doivent de généreux ennemis mieux éclairés aujourd'hui sur leurs véritables intérêts, et que la paix unit enfin pour le bonheur du monde.

RÉCIT

DU CURÉ DE SAINT-CAST.

Quod vidimus et audivimus,
annonciamus.
(Joannis Epist. 1. v. 3.)

Nous aperçûmes, le dimanche trois septembre, sur les cinq heures du matin, une flotte
anglaise de cent trente voiles ou environ, composée de sept vaisseaux de ligne et le reste de
frégates, de galiotes et de navires de transport.
A la première vue, on fit sonner le tocsin dans
toutes les paroisses de la côte et les paroisses li-
mitrophes, et l'on donna réciproquement et
alternativement les signaux convenus et ordon-
nés : le soir elle vînt mouiller, devant S.ᵗ-Cast.
Le lundi quatre, sur les dix à onze heures du
matin, elle appareilla et fut jeter ses troupes à
terre entre S.ᵗ-Lunaire et S.ᵗ-Briac sans aucune
résistance : l'après-midi et le lendemain, l'armée fit plusieurs tentatives pour bâtir à Dinard
quelques retranchemens, mais une frégate et

deux corsaires de Saint-Malo s'y opposèrent vigoureusement par de fréquentes décharges de coups de canon et forcèrent les ennemis d'abandonner leurs projets. Le six et le sept, ils s'occupèrent à brûler et piller partout; ils mirent en cendre la dixme de M. Hardy, recteur de Saint-Briac, lui firent mille avanies, le dépouillèrent honteusement, endommagèrent considérablement son église et son presbytère, et le forcèrent d'abandonner sa paroisse. On y compta dix-huit à vingt barques incendiées et plus de quarante maisons entièrement consumées. M. Frère, recteur de Trégon, éprouva, dans son particulier, un sort à peu près semblable. M. le baron de Pontual, M. de la Menardais-Lesquen, M. de la Ville-ès-Comte, gentils-hommes du canton, et M. de Courville (1) ont été aussi beaucoup ravagés.

Le vendredi huit, ils vinrent à Saint-Jacut où la communauté, moyennant la bonne chère et le bon vin, ne reçut aucun dommage. L'après-midi, il descendirent au Guildo, dans

---

(1) M. De Courville, major garde-côte de la capitainerie de Dinan, et auteur du plan de la bataille.

le dessein de passer la rivière; mais quelques particuliers de Matignon, Saint - Pôtan et Saint-Cast, s'y étant trouvés, par une violente mousquetade, retardèrent leur passage jusqu'au lendemain. Les bons pères Carmes firent comme les religieux de Saint-Jacut et eurent le même succès. Le samedi, les Anglais corrompirent par argent un nommé Grumellon de la paroisse de Saint-Lormel, qui, après avoir examiné et rapporté aux ennemis la petite poignée de monde qui s'opposait à leur passage, les conduisit vis-à-vis de Sainte-Brigitte. Ils profitèrent de la basse mer et se rendirent sur les confins de Saint-Cast, par la grève de Quatrevaux; sitôt passés, ils remontèrent promptement au Guildo, pour massacrer nos défenseurs qui, la veille, s'étaient opposés à la rapidité de leur course ; mais n'y trouvant plus qu'un ancien capitaine de paroisse, oncle du traître à sa patrie (Villoren-Grumellon, capitaine de Saint-Lormel) et un sourd qu'ils tuèrent l'un et l'autre à coups de baïonnettes, de rage et de fureur ils incendièrent toutes les maisons du Guildo au nombre de trente-une. Après cette belle prouesse, ils établirent leur camp aux environs et employèrent le reste du jour à voler partout. Ils entrèrent à Beaulieu, près de Sainte-Brigitte, où ils enlevèrent quatre couverts d'argent et beaucoup de linge ; delà ils furent à Galiné où, après avoir brûlé les écuries et plus de vingt-cinq charretées de foin et tenté de mettre le feu dans plusieurs appartements, ils brisèrent glaces, fauteuils, armoires, buffets, etc. ; vidèrent tous les fûts de vin et de cidre, tuèrent le gardien et trois hommes du voisinage ; et la perte eût été encore plus considérable, sans une compagnie de nos troupes qui, passant fort à propos par là, tua six de ces maraudeurs et en fit sept prisonniers. Le dimanche matin dix, ils levèrent leur camp et vinrent l'asseoir entre Matignon et Montbran ; une partie des soldats se répandit dans Matignon, Saint-Pôtan, Saint-Germain, Pléboulle et Saint-Cast et y firent un grand dégât. (Il faut cependant avouer ingénument que tous les ecclésiastiques, capitaines, lieutenans et tous les habitants des paroisses avaient fait transporter au loin leurs principaux effets et avaient abandonné leurs domiciles, pour se soustraire par une fuite prématurée à la fureur de l'ennemi). Mais laissons là tous ces poltrons fugitifs ; leur terreur panique nous aurait été infiniment préjudiciable, et n'aurait servi qu'à rendre l'Anglais plus intraitable. Arrêtons-nous constamment à

Saint-Cast; il y avait là du fil à retordre et de quoi embesogner de valeureux champions. Quoique je susse avec certitude que j'étais presque seul depuis plusieurs jours, je crus néanmoins qu'il était de mon devoir de dire la sainte messe et de demander au souverain arbitre un secours proportionné aux malheurs qui nous menaçaient. Je la sonnai à dix heures et la commençai à dix heures et demie; à laquelle assistèrent M. Claude - François Tourneuf, procureur, demoiselle Jeanne Lequeret, veuve du sieur Légué, procureur au présidial de Rennes, Jean Bouton, Mathurin Hamon, Jean Rouaült et cinq vieilles femmes. Ma messe basse finie, j'invitai les deux premiers à dîner avec moi : le repas fini, le sieur Tourneuf fut à la découverte, et s'occupa à prémunir son manoir de la fantaisie de l'incursion de l'ennemi : la demoiselle Légué me pria de lui accorder pendant ce temps critique un refuge chez moi et de la qualifier de ma sœur en temps et lieu; sa demande me paraissant très-judicieuse, j'y acquiesçai très-volontiers. Sur les deux heures, ennuyé de ma clôture, je pris l'essor dans le bourg; aussitôt je vis de loin un espion (croyois-je) qui venait à moi; c'était M. Le Moine, mon curé, qui, après une absence de sept jours ar-

riva en bonnet de nuit, en veste, sans autre
rabat que le collet de sa chemise, sans boucles
à ses souliers, en un mot, et pour le peindre
au naïf, un marmiton eût été alors aussi monsieur que lui ; à peine l'eus-je reconnu, que je
me figurai dans le moment qu'il sortait des
griffes Anglaises et qu'elles l'avaient ainsi
poupiné. Il me rassura en me disant qu'il avait
laissé sa dépouille en sûreté ; nous entrâmes
ensemble au presbytère et nous barrâmes bien
nos portes. Peu après on vint frapper si violem-
ment que je fus obligé, pour obvier à un en-
foncement, d'aller moi-même faire ouverture ;
c'était justement le commencement de la comé-
die, c'était, dis-je, une escouade de vingt-cinq
maraudeurs, qui, les armes à la main, et comme autant de loups affamés, me demandèrent
brusquement du pain, du vin, du cidre, du
beurre, de la viande, des hardes, des souliers,
etc., ils avaient besoin de tout, et tout leur était
bon ; je leur répondis sans paraître nullement
déconcerté, avec toute la gravité et un phlegme
peu ordinaire dans une pareille circonstance, que
j'allais satisfaire à une partie de leurs demandes,
à condition qu'ils n'entreraient point chez moi,
ou que j'en allais porter mes plaintes à M. leur
général ; soit que ce fût l'air imposant avec

lequel je leur parlais, soit que ce fût la menace que je leur faisais, n'importe, ils obéirent, et mon curé plus mort que vif, que j'appellai, leur fit servir à boire et à manger à discrétion ; après s'être bien rassasiés, ils me remercièrent et prirent congé.

Environ les trois heures, survinrent dans notre bourg, où je me promenais, quatre compagnies de grenadiers Anglais bien montés, qui entendant nos forts tirer sur leurs bateaux plats, y allaient pour en jeter les canons et les munitions à la mer, pour passer les canonniers au fil de l'épée, et pour brûler le village de l'Isle qui consiste dans plus de cent maisons et qui fait le plus bel ornement de la paroisse ; j'avance vers eux, je salue très-respectueusement le chef, et après lui avoir demandé sa protection, je le suppliai très-instamment de ne mettre le feu nulle part, et de m'accorder une sauve-garde pour mon église et pour mon presbytère ; après bien des rebuffades, ma persévérance et mes suppliques eurent leur plein et entier effet.

Vers les cinq heures, quatre mille Anglais se détachèrent du camp d'auprès Matignon et vinrent dans la plaine du moulin d'Anne qui

borne presque ma maison, établir plus de trois
cents tentes pour y passer la nuit. M. le Commandant, y étant arrivé, me députa deux colo-
nels et trois capitaines qui m'enjoignirent de sa
part de disposer à souper pour vingt-cinq officiers; cette demande m'embarrassa, d'autant
plus qu'il n'y avait dans la paroisse et les ad-
jacentes ni viande, ni bouchers; cependant,
comme tous mes effets étaient à la maison,
j'avais lieu d'appréhender de les aigrir et de
payer par la suite les pots cassés d'un refus mal
placé. Après leur avoir exposé simplement la
disette de grosse viande où j'étais, et l'impossibilité d'en trouver, je leur dis que ma basse-
cour allait y suppléer, et que je les priais en
grace de me fournir quelques soldats pour aider
à ma servante; je n'eus pas plus tôt parlé, que voilà
un cuisinier et quatre goujats qui firent main-
basse sur douze de mes canards et vingt poulets;
et pendant que tous ces gens travaillaient à nous
préparer le souper, nous parlâmes, en vidant
bouteille, de choses et d'autres; je m'informai
de plusieurs Anglais avec qui j'avais fait mes
études au collége de la Flèche. Nous nous éten-
dimes beaucoup sur la prise du Port-Mahon,
d'Hanovre, de Louisbourg, etc. La compagnie arrivée et le repas servi, nous nous di-

vertîmes à merveille, répétant cent fois *fortune de guerre;* ils insistèrent fortement sur la supériorité maritime qu'ils avaient sur nous, et ils me jurèrent différentes fois qu'ils seraient maîtres de Saint-Malo en 1759. Comme tout ce langage n'était que *verba et voces, prætereàque nihil,* je leur accordai tout. Le souper couru et bien rougement arrosé, la plus grande partie se retira au camp, et les autres restèrent au presbytère à jouer le reste de la nuit au piquet avec ma sœur prétendue ; pour moi je fus me coucher aussi tranquillement qu'en temps de paix.

Le lundi matin, 11 septembre (jour remarquable, jour glorieux, jour qui éternisa notre mémoire et qui rendra notre paroisse respectable à toute la postérité) je descendis de ma chambre sur les six heures, et après avoir donné le salut à nos hôtes, je déjeûnai par pure complaisance avec eux, et après avoir pris le café, je fus, accompagné d'un colonel, traverser tout le camp pour réitérer au commandant mes profonds respects ; je fus reçu avec l'accueil le plus favorable, remercié du bon souper de la veille, et assuré d'une sauve-garde fidèle pour tout le temps que je serais à portée des maraudeurs.

De retour au presbytère, un Suisse rébarbatif entre et m'annonce que le général Bligh est sur le point d'arriver, m'ordonne de sa part de faire ouvrir le château et de lui servir un déjeuner convenable; je voulus m'excuser, comme j'avais fait le soir précédent, pour le souper du commandant, sur l'impossibilité actuelle de pouvoir obéir à mon gré à ses ordres; il me répliqua d'un air fier et arrogant : *Monsieur, monsieur, pour une bagatelle, vous pourriez bien vous susciter de mauvaises affaires.* Aussitôt, et sans balancer, je fis ouvrir le château, j'envoyai vingt-cinq bouteilles de vin que je n'ai jamais revues, et pendant que je me donnais tous les mouvemens imaginables pour faire apprêter quelque fricot honnête, un capitaine de mes hôtes vint prendre congé de moi et m'assurer que toute l'armée s'embarquait dans le moment; qu'un dragon transfuge du régiment de Marbeuf venait de les avertir que nos troupes incomparablement supérieures aux leurs, étaient sur le point d'arriver et de fondre sur eux. (Notez que c'était un jeu joué et une ruse de guerre de M. le duc d'Aiguillon notre général, qui se sachant inférieur en nombre, et craignant un dessous honteux, inventa ce stratagème pour en faire embarquer une partie et n'avoir plus que l'autre à combattre ; finesse qui réussit en plein). Sur les huit heures et demie, je les vis tous défiler sur la même ligne au travers de la plaine, où ils avaient dressé leurs tentes, pour descendre sur la grève où étaient leurs bateaux plats. Tout le corps était au moins de dix à douze mille hommes, et gens pour la plupart de cinq pieds six à huit pouces et faits au tour. Quand j'apperçus par une fenêtre de ma chambre qu'ils commençaient à s'embarquer, je sortis sur les dix heures dans notre bourg, où je fis rencontre de plusieurs cavaliers qui vinrent à moi ; c'étoit M. le duc d'Aiguillon, M. le marquis de la Chastre, M. de la Tour-d'Auvergne, M. le chevalier de Polignac, etc. Ils me demandèrent où étaient les Anglais. Je les assurai qu'ils étaient tous sur le rivage et qu'il y en avait déjà plus du tiers d'embarqués : ils s'informèrent de la route qu'ils avaient prise ; je leur répondis qu'ils avaient tous défilé sur une colonne au travers de la champagne du Moulin-d'Anne. Dans un moment je vis tous les chemins jon-chés de nos soldats, qui, oubliant la fatigue qu'ils venaient d'essuyer pendant plusieurs jours, et le besoin extrême qu'ils avaient de rafraîchissement et de repos, ne respiraient que l'envie et le seul plaisir d'éteindre leur soif dans le sang ennemi. Comme un éclair, je les vis, pour précipiter plus brusquement l'action, se partager en trois colonnes et voler sur leur proie. Les uns suivirent la trace ennemie par le Moulin-d'Anne, les autres enfilèrent la rabine du château de Saint-Cast et les troisièmes descendirent par le village de Lesrots.

L'amiral Howe nous ayant aperçus sur les hauteurs, travailla de son côté avec un empressement incroyable à faire approcher de terre et embosser six frégates et quatre galliotes à bombes, et fit faire sur nos troupes un feu d'enfer. Au bruit de plus de dix mille coups de canon et d'une infinité de bombes, je me figurais que tous nos pauvres bataillons allaient être écrasés, et qu'après leur defaite nous allions devenir la triste victime de la rage et de la fureur des vainqueurs; mais non, la Providence ne permit pas que leurs coups portassent; et quoiqu'il m'ait passé plus de cinq cents boulets sur la tête, il n'y a eu que notre église qui en ait reçu deux fortes blessures que j'ai fait guérir.. ... Malgré cette affreuse canonnade qui, loin de ralentir la marche de nos braves guerriers, ne servait au contraire qu'à les animer davantage, ils conti-

nuèrent toujours leur course avec la même rapidité; et enfin arrivés au champ de bataille, les
Anglais accoururent sur nous chantant *houra!*
houra! (vive le roi) et firent une première dé-
charge; nos piquets, à cette acclamation et à ce
premier, feu parurent timides, chancelans et
presque déconcertés; mais les régimens de Brie
et du Boulonnais qui les suivaient de près, ras-
surèrent leurs cœurs vacillans : alors prenant
leur revanche, ils fondirent sur l'ennemi, firent
une attaque des plus vigoureuses, et après une
vive mousquetade d'une grosse heure et demie,
sans jamais se ralentir, ils forcèrent enfin l'ennemi de plier et d'abandonner le terrain. Nos
soldats profitant de leur fuite, les poursuivirent
avec tant de chaleur, que plusieurs d'entr'eux
se précipitèrent dans la mer jusqu'aux épaules
pour arrêter ceux qui cherchaient à s'embarquer; il y en eut même d'assez acharnés pour
aller jusqu'aux pieds de leurs bateaux leur enfoncer la baïonnette dans le corps. Notre artillerie qui n'arriva qu'à la fin, vint néanmoins
assez à temps pour couler trois bateaux chargés
d'Anglais.

Le feu cessé, le pavillon amené, nous en-
tendîmes de toutes parts crier *vive le roi !* et

nous eûmes la consolation de voir nos soldats chargés des dépouilles de l'ennemi. Aussitôt, mon curé et moi nous nous transportâmes dans les mielles et nous rendîmes tous les services que notre ministère exigeait aux moribonds et aux plus dangereusement blessés. La perte que nous avons faite dans cette bataille peut se monter à 400 hommes, parmi lesquels il y avait beaucoup d'officiers ; mais nous avons été bien dédommagés par la destruction de plus de 2,000 Anglais et de 7 à 800 prisonniers, qui, tous grenadiers et de la maison du Roi, faisaient l'élite de l'armée..... Cette cruelle et sanglante tragédie terminée, mon presbytère devint le refuge et la retraite de nos officiers et de leurs soldats, et j'eus table ouverte pendant plus de huit jours. Les curieux même pendant plus de six mois après le combat, sont venus journellement des quatre coins du monde visiter le lieu où nous savons aussi bien réprimer l'insolence d'autrui que signaler notre bravoure, et ont pris ma maison pour une gargotte banale et y ont hardiment planté le piquet.....

Monseigneur notre prélat me croyant totalement ruiné, m'honora le premier jour du mois d'octobre suivant, d'une visite, muni de fortes provisions, et passa trois jours avec moi. Au mois de décembre on tint les états de la Province à Saint-Brieuc, où je fus appelé, et après y avoir reçu un applaudissement universel sur la conduite que j'avais gardée, on me proposa de faire une déclaration de mes pertes ; je répondis que j'étais bien dédommagé d'avoir trouvé l'occasion de signaler mon obéissance et ma fidélité au Roi et mon attachement à la province ; qu'au reste j'étais dans le cas du curé de Fontenoy et pour le moins autant en avance que lui, et par conséquent que la paroisse de Saint-Cast aujourd'hui si renommée et si illustrée , méritait bien que sa Majesté de son petit recteur en fit un abbé. Après avoir réclamé la protection de toute l'illustre assemblée pour les pauvres de ma paroisse et pour ceux qui avaient été pillés par l'ennemi, je me retirai et revins à mon poste. Les états finis, Monseigneur l'Évêque m'envoya trois bourses de cinquante louis, savoir : douze cents livres pour les pauvres, douze cents livres pour ceux qui avaient été pillés et douze cents livres pour moi. En 1760 je distribuai en blé la somme qu'on m'avait adjugée, et par là je prolongeai la vie à un grand nombre de mes pa-

roissiens, qui, sans ce secours, l'auraient indu‑
bitablement perdue. (1)

RÉCIT DU MILITAIRE.

Le trois septembre, à cinq heures du matin, la flotte anglaise composée de 109 voiles, parut à six lieues du Cap-Fréhel, et à six heures du soir, vint mouiller à une lieue par l'est du château de la Latte.

Le quatre, à dix heures du matin, elle vint mouiller devant la baye de Saint-Briac (2)

---

(1) En 1824, M. Lecourt de la Villethassetz a fait imprimer cette relation dans le Lycée Armoricain, tome 3, page 324; mais les rédacteurs du Lycée ont cru devoir faire quelques changements à la narration du curé, que nous retablissons en entier, telle qu'elle est écrite sur le registre des sépultures de l'année 1758, folio 5, recto.

(2) Saint-Briac, où les Anglais débarquèrent, est un village à trois lieues trois quarts de Saint-Malo, dans l'arrondissement duquel il est compris; la population de cette commune est d'environ deux mille

et y débarqua sans obstacle huit mille hommes, dont deux cents dragons à cheval. L'infanterie campa au bas de la montagne *Garde-Guérin* et les dragons dans les villages voisins. Quelques détachements de dragons, pour reconnaître le pays, s'avancèrent jusqu'à la pointe de Dinard et se retirèrent le soir. Six corsaires de Saint-Malo et la frégate du roi la Renoncule, s'embossèrent devant Dinard et à l'ouvert de la rade, pour défendre aux Anglais l'entrée de la rivière de Rance. On craignait qu'ils n'eussent dessein de venir par là s'emparer de la pointe *de la Cité*, pour y établir des batteries et bombarder Saint-Malo.

La nuit du quatre au cinq, les Anglais brû-

---

habitants; elle est située à peu de distance de l'Océan, près de l'embouchure du Frémur.

On y remarque l'église élevée dans le quatorzième siècle, après une abondante pêche de maquereaux; la reconnaissance des habitants de Saint-Briac pour ce poisson, principale source de leur richesse et dont ils venaient de retirer de si grands profits, les porta à en faire représenter de tous côtés sur les murs, sur la voûte et même dans le bénitier où on les voit à la nage.

lèrent 22 barques de pêcheurs dans le port de Saint-Briac. Le cinq, à quatre heures du matin, ils dérangèrent leur premier camp ; ils le divisèrent en trois, dont un fut poussé jusqu'à une demi-lieue de la pointe de Dinard : ils avancèrent sur la rive gauche de la rivière de Rance, quelques détachements d'infanterie et de dragons, que le feu de nos corsaires obligea de se retirer.

Le six et le sept, les troupes débarquées restèrent dans le même état, et les vaisseaux ne remuèrent que pour éviter les courants et les mauvais mouillages.

Le huit, à trois heures du matin, les Anglais battirent la générale. A sept heures, ils baissèrent leurs tentes et restèrent en bataille à la tête de leur camp, jusqu'à midi, que se reployant par leur droite, ils allèrent camper à Saint-Jacut, appuyant la droite de leur nouveau camp à la rivière du Guildo et la gauche au marais *Drouët*. M. le duc d'Aiguillon arriva à Lamballe d'où il envoya un bataillon des Volontaires-Etrangers avec un escadron des dragons de Marbœuf, aux ordres de M. d'Aubigni, pour occuper Dinan, dont la sûreté était importante tant pour

conserver la communication que parce que nous
y avions des magasins de vivres, et que c'était
le lieu de rassemblée d'une colonne de nos troupes. (1) Vers les cinq heures du soir, quelques
détachements anglais s'étant montrés au bas de
la montagne, sur la rive droite du Guildo,
cinq ou six cents gardes-côtes établis sur la rive
gauche, firent feu. Quoiqu'ils n'eussent tué per-
sonne et qu'ils fussent à plus de trois portées
de fusil, les Anglais les ayant pris pour la tête
d'une troupe nombreuse, n'osèrent pénétrer et
se reployèrent sur leur camp en brûlant toutes
les maisons du village sur la rive droite de la
rivière.

M. le duc d'Aiguillon se porta le soir à Plancoët avec deux escadrons de Marbœuf et huit
cents gardes-côtes. Il envoya ordre à M. d'Aubigni de se porter à Plouër avec le régiment
de Brie, le premier bataillon des Volontaires-

---

(1) On pouvoit d'autant plus craindre pour Dinan
que la milice de cette ville s'était réunie aux troupes
qui se dirigeaient vers Saint-Cast, et qu'une partie
des habitants s'y était aussi rendue pour combattre
les Anglais.

Etrangers, le bataillon de Marmande, trois bataillons de gardes-côtes et deux escadrons de Marbœuf. M. De Polignac avança jusqu'à Pleurtuit, avec un fort détachement. M. De Beon, lieutenant-colonel du régiment de Boulonnais, sortit de Saint-Malo avec un détachement de cinq cents hommes pour se porter sur Ploubalay, à la droite de M. De Polignac et à la gauche des ennemis.

Le neuf, au matin, les Anglais passèrent le Guildo et vinrent camper entre Saint-Jeguhel et le bois du Val. Le troisième bataillon des Volontaires-Etrangers entra à Plancoët. M. De Saint Pern fut détaché pendant la nuit avec six cents hommes, pour occuper Saint-Pôtan et éclairer la marche des ennemis.

Le dix, à quatre heures du matin, les Anglais se portèrent à Matignon et y établirent leur camp. Les régiments de Bourbon, Brissac, Bresse et Querci arrivèrent à Hénan, conduits par M. De Balleroi et à ses ordres. M. d'Aubigni passa le Guildo avec son détachement et fut joint par le régiment de Boulonnais, le bataillon de Fontenai-le-Comte et deux bataillons de gardes-côtes.

M. le duc d'Aiguillon, après s'être porté avec un gros détachement sur Matignon pour reconnaître les ennemis, les tourna par leur gauche et marcha à Saint-Pôtan, où il établit huit compagnies de grenadiers, douze piquets et deux cents dragons aux ordres de M. Broc. Tandis que M. le duc tournait les ennemis par la gauche, M. d'Aubigni, vers les quatre heures du soir, arriva par leur droite avec sa division : il n'était séparé du camp que par une haie donnant d'un côté sur un grand chemin et de l'autre sur un pré où ils étaient campés. Ils n'avaient aucune patrouille ni aucun corps-de-garde avancé. On voyait à cent pas une grande partie des hommes couchés, l'autre partie faisant cuire de la viande et allumant du feu sous des marmites : les chevaux étaient dessellés et au piquet dans le bas de la prairie. M. d'Aubigni jugeant l'ennemi trop nombreux, la colonne qu'il conduisait trop légère et n'ayant point ordre d'attaquer, établit ses troupes par échelons dans les champs à droite et à gauche du grand chemin pour s'assurer une retraite en cas d'attaque, et se reploya sur la droite de Saint-Pôtan, où il fut mis en potence. Le reste des troupes fut établi à Pluduno et le régiment Royal-des-Vaisseaux arriva la nuit, à Hénan, avec une division d'artillerie. M. de Broc avec un détachement de trois cents hommes, fut chargé d'inquiéter les postes avancés des ennemis et d'éclairer leurs mouvements pendant cette nuit. Les gardes-côtes de Dol et de Tréguier qui avaient perdu le soir la file de la colonne, se rencontrèrent environ minuit et s'étant pris réciproquement pour des ennemis, ils se fusillèrent et se tuèrent cinquante à soixante hommes. Trois dragons de Marbœuf faisant patrouille sur l'enceinte, furent tués par la même méprise et sans plaisanterie par le rapport que les Bas-Bretons trouvèrent entre Marbœuf et Malborough. (1)

Le onze à six heures du matin, M. de Broc rendit compte de sa nuit à M. le Duc, et l'informa que les ennemis avaient commencé leur retraite et qu'ils travaillaient au rembarquement

---

(1) Nous craignons que l'auteur ne confonde ici un fait regardé comme constant dans le pays. Des détachements de milices, qui avaient reçu l'ordre de tirer sur les *habits rouges*, firent feu sur des dragons de Marbœuf et sur un bataillon Irlandais, dont les uniformes était rouges ; ces deux corps perdirent, par cette méprise, chacun plusieurs hommes.

3

de leurs troupes dans l'anse de Saint-Cast. Sur
le champ nos troupes répandues tant à Hénan
qu'à Saint-Pôtan et Pluduno, se mirent en
marche et arrivèrent en courant sur les hauteurs
de Saint-Cast. Il était neuf heures : la flotte
ennemie était en ligne et les chaloupes travaillaient au rembarquement. L'arrière-garde des
ennemis composée de trois cents hommes, était
sur la plage dans le fond de l'anse et se présen-
tait dans le plus bel ordre de bataille, derrière
des retranchements de terre hauts d'environ
trois pieds. Dès que notre infanterie fut aper-
çue sur la montagne, sept frégates et quatre
bombardières embossées le plus près de terre
qu'il avait été possible, commencèrent un feu
très-vif qui nous tua cependant là peu de
monde, parce que les boulets étaient tirés à
toute volée et que la terre étant fort grasse sur
la montagne, les bombes s'enterraient aupara-
vant d'éclater. Nos troupes restèrent en bataille
dans cet endroit environ une demie heure, tandis qu'on pressait la marche des canons qui suivaient nos régiments. Huit de ces canons arrivèrent et furent mis en batterie avec beaucoup
de promptitude et de valeur par MM. De Ville-
patour et d'Urtuby. Ils retinrent même dans les
retranchements les ennemis qui parurent se

former en colonne par leur centre, pour marcher à nous sur la plage, et on ne doute point
que si douze pièces de fonte de douze livres,
parties le sept de Saint-Malo, n'eussent pas
trouvé des difficultés insurmontables dans les
mauvais chemins et eussent pu arriver dans ce
moment, il n'y eut eu plusieurs vaisseaux coulés.
Les dispositions de M. le duc étaient d'attaquer
en même temps les ennemis par la droite, par
la gauche et par le centre ; M. De Balleroi
devait marcher par la droite avec les régiments
de Bourbon, Brissac, Brest et Querci :
M. d'Aubigni par la gauche avec les régiments de Boulonnais et Brie, les bataillons
de Fontenay, Marmande et le premier des
Volontaires-Étrangers ; M. Broc, par le centre
avec son détachement, et le reste des troupes
fut mis en réserve sur le revers de la montagne ; mais soit que MM. De Balleroi et
De Broc, ne trouvassent point de défilé, soit
que M. d'Aubigni jugeât la colonne capable
d'enfoncer l'ennemi, et qu'il lui tardât d'ac-
quérir de la gloire, il n'y eut que la gauche à
donner : elle arriva au village de Saint-Cast
par un chemin coupé et bas, derrière la montagne, vers les dix heures ; rendue au village,
la tête fit une halte d'environ un quart d'heure

pour donner le temps à la queue de joindre. M. d'Aubigni arriva et commanda à la tête de marcher. Elle était composée sur la gauche d'une compagnie de grenadiers des Volontaires-Étrangers; au centre, douze à quinze officiers et gentils-hommes de la province et les grenadiers de Boulonnais; sur la droite les grenadiers de Bric. Ceux de Boulonnais débouchèrent les premiers du village par un défilé qui ne comportait que trois hommes de front; ils essuyèrent des vaisseaux un feu terrible que les ennemis avaient dirigé sur ce débouché.

Ils gagnèrent en| courant environ trente pas une petite dune formée par l'inégalité du terrain, derrière laquelle ils se formèrent et dont ils s'épaulèrent pendant trois à quatre minutes, ne jugeant pas qu'il fût possible de franchir près d'une demi-lieue de grève plate presque sous les vaisseaux pour aller attaquer l'ennemi. M. d'Aubigni, qui donna, dans cette occasion, des preuves de la plus grande valeur et de la plus grande intrépidité, les anima plusieurs fois au combat, et voyant qu'on ne remuait pas malgré les invitations qu'en faisait également M. de la Tour d'Auvergne, colonel de Boulonnais, qui conduisait l'attaque et qui donna aussi des preuves du plus grand courage, il courut aux Volontaires qui faisaient le front de l'attaque : *Allons, messieurs, leur dit-il, donnez l'exemple à ces gens-là.* Sur le champ les Volontaires se levèrent et coururent de toutes leurs forces aux retranchements. Les grenadiers de Boulonnais les suivirent de très-près et se mêlèrent même avec eux, et en courant à toutes jambes sous le feu continuel de l'artillerie et de la mousqueterie des vaisseaux, et en essuyant cinq décharges roulantes de mousqueterie de terre, on arriva à vingt pas des retranchements ; mais les premiers arrivés voyant que la queue était encore loin, firent une halte d'un moment en se couvrant de leur mieux de l'inégalité du terrain. On remarqua sur les retranchements un officier anglais, l'épée à la main, qui prenant cette halte pour un découragement, provoquait nos troupes en leur disant, avancez donc, *bougres,* avancez donc, *foutue canaille.* Les trois compagnies de grenadiers qui se trouvèrent rendues quoique déjà considérablement entamées et qui avaient conservé leur feu jusques-là, tirèrent et crièrent de toutes leurs forces : *Victoire, vive le roi !* en courant aux retranchements avec les baïonnettes. Cette valeur dont il n'y a peut-être point d'exemple, puisque nous n'étions pas

trois cents hommes rassemblés et que nous ar-
rivions par deux, par trois, sans ordre et dans
la plus grande confusion, épouvanta l'ennemi
et lui fit prendre la fuite. Chacun jeta ses
armes en criant : *Miséricorde, brave France;* et
chacun chercha à se sauver soit en gagnant la
pointe de l'anse où étaient les chaloupes, soit
en se jetant dans la mer pour se rendre aux
vaisseaux à la nage.

Les premiers des nôtres, rendus dans les retranchements, appelèrent les étendards et il en
avança trois , savoir : deux de Boulonnais et un
de Brie.

Les ennemis qui n'avaient pu sortir des retranchements y étaient à genoux et nous criaient
miséricorde ; mais comme le feu continuait des
vaisseaux , qui tiraient dans ce moment à mi-
traille et nous tuaient beaucoup de monde , les
soldats furieux ne firent guère de quartier dans
le commencement, et il y a grande apparence
qu'ils auraient fini de même si M. d'Aubigni
qui conserva toujours, sur la gauche, la hauteur
de la première ligne, ne se fût porté partout
avec autant de valeur que d'humanité pour arrêter la rage du soldat , faire cesser le feu et

ordonner qu'on fît des prisonniers. De trois barques chargées qui essayaient de regagner la flotte, deux furent coulées par leur charge et la troisième fut obligée de revenir à terre. Les officiers et les soldats français entraient dans la mer jusqu'à la gorge pour arrêter les ennemis qui cherchaient à se sauver ou grimpaient après eux sur les rochers. De trois mille Anglais qui étaient à terre aucun ne regagna les vaisseaux; mille à douze cents furent tués sur la place; huit cents périrent dans l'eau et le reste, dont trente officiers de marque, fut fait prisonnier. Quatorze compagnies de grenadiers de cent hommes chacune, et deux bataillons des gardes à pied du roi d'Angleterre, l'élite des troupes de cette nation, furent défaits dans ce combat où les troupes françaises ont donné les plus grandes preuves de valeur et où la noblesse bretonne a signalé son zèle pour le service du roi et la défense de sa patrie. Le feu finit à une heure après-midi : les troupes se formèrent sur la montagne et M. le Duc les renvoya sur le champ, dans leurs quartiers, laissant seulement six cents hommes pour enterrer les morts et observer la flotte.

L'armée française était de huit à neuf mille hommes. — Il n'y avait aucune subsistance. —

Point de chirurgien commandé sur les lieux pour recevoir les blessés. — Point de chariots pour les enlever. — Lors de la bataille, il y avait plus de trente-six heures que les soldats n'avaient mangé. — Si on eût attaqué deux heures plus tôt, aucun ennemi n'aurait pu se rembarquer. — Si M. le Duc eût joint M. d'Aubigni, le dix au soir, ou qu'il lui eût envoyé des ordres, on aurait défait en totalité et sans perdre beaucoup de monde, l'armée ennemie qui pour lors n'avait pas connaissance de nous, qui n'avait aucune patrouille autour de son camp, qui n'avait point de canons et qui ne pouvait être protégée du feu des vaisseaux. — Si l'on eût fait défiler en même temps les trois colonnes le jour du combat, nous aurions perdu moins de monde parce que l'ennemi eût été obligé de partager son feu et peut-être eût-il mis bas les armes. — Etait-il sage d'ôter la garnison de Saint-Malo, tandis qu'il y avait suffisamment d'autres troupes ; et n'était-il pas à craindre que les Anglais, profitant de ce moment pour venir donner l'assaut à la ville, les bourgeois n'eussent pas été en état de la défendre ou que la terreur les eût pris, n'ayant point de troupes réglées ? — Etait-il prudent de congédier les troupes immédiatement après la bataille, et n'était-il pas à craindre que l'ennemi ne mît à terre, pour ravager le

pays, les cinq mille hommes qui lui restaient?—
Était-il impossible, en prenant les mesures con-
venables, que l'artillerie, partie le sept de Saint-
Malo, arrivât à temps à Saint-Cast ?

Ce que ne disent pas les deux relations qu'on
vient de lire et toutes celles qui ont été publiées
en France sur le même sujet, ce sont les mo-
tifs qui portèrent les Anglais à jeter ainsi sur
nos côtes quelques milliers de soldats insuffisants
pour opérer une conquête durable, ou même
pour entretenir la guerre. S'ils avaient eu cette
fois le projet de s'emparer de Saint-Malo, ils
s'en seraient approchés rapidement, avec toutes
leurs forces, sans perdre plusieurs jours en marches et contre-marches inutiles qui dénotèrent
l'absence d'aucun plan arrêté et donnèrent aux
troupes disséminées sur toute la Bretagne, le
temps d'arriver pour les combattre. Cette expédition se liait à un plan général dont le but
était d'assurer la navigation de la Manche aux
marins anglais que poursuivaient un grand
nombre de nos corsaires; d'opérer une diversion
en faveur des armées que nous combattions en

Allemagne, en forçant Louis XV à employer une partie de ses troupes à la défense du territoire ; d'entrainer ainsi le Gouvernement dans des dépenses considérables, pour mettre tout le littoral de la France à l'abri des insultes et de l'invasion d'un ennemi qui reparaissait sans cesse et inopinément sur tout les points. (1)

Pour atteindre ce but, le ministère anglais, aussitôt après la session de 1758, dans laquelle des mesures populaires avaient retrempé l'esprit de la nation, fit équiper deux flottes (2)

---

(1) The minister had in view many objech namely to secure the navigation of channel, and make a diversion in favour of the germain allies, by alarmaing the french king and obliging him to employ a great number of troops to defend his coat from insult and invasion.

Ces expressions de Smolett ont été supprimées, on ne sait pourquoi, dans la traduction que M. Campenon a donnée en 1820, de l'histoire de cet auteur.

(2) La première composée de onze vaisseaux de ligne, fut mise sous les ordres de lord Anson ; la seconde, forte de quatre vaisseaux de ligne, sept frégates, seize bricks, deux brulots, deux galiotes à

dont l'une, sous le commandement du commodore Howe, se dirigea vers Saint-Malo. Malborough qui commandait les troupes expédi-
tionnaires, descendit, le 4 juin 1758, avec
toutes ses forces, dans la baie de Cancale, se
rendit par terre à Saint-Servan, brûla les
chantiers et les magasins qui s'y trouvaient,
deux vaisseaux de ligne, plusieurs corsaires,
quatre-vingts bâtiments de différentes grandeurs
qui étaient à l'ancre dans le port, somma inutilement Saint-Malo de se rendre et fut forcé
de repartir sans avoir pu lever des contributions
sur les habitants des communes situées entre
Dol, Dinan et Rennes, lesquels, pour échapper
aux Anglais, s'étaient réfugiés dans les villes
voisines. (1)

---

bombes, dix cutters, vingt allèges et cent bâtiments
de transports portaient seize régiments d'infanterie,
neuf de cavalerie et six mille marins; quinze mille
hommes de debarquement.

(1) C'est à cette occasion que le Gouvernement
français résolut de construire un nouveau fort à
Châteauneuf. Mais comme les choses les plus utiles ne
se font que long-temps après que la nécessité s'en est
fait sentir, le fort actuel de Châteauneuf ne fut fait

Cette première expédition qui avait causé une perte de douze millions à la marine française, engagea l'Angleterre à en tenter de nouvelles. Cherbourg était un point trop important pour ne pas attirer son attention ; l'amiral Howe vint bientôt l'attaquer avec la même flotte. Le célèbre Malborough qui était allé porter secours

---

que dix-neuf ans plus tard, en 1777, d'après le plan de Vauban. Il est destiné à protéger toute la côte nord-est du département d'Ille-et-Vilaine ; c'est un ouvrage hexagone, ne s'élevant pas au-dessus du sol et qu'on ne peut apercevoir de la route. Le fossé qui défend l'abord du glacis, le cache entièrement ; les casemates pratiquées sous les bastions, peuvent loger six cents hommes ; le magasin à poudre bâti avec la plus grande solidité, voûté et à l'épreuve de la bombe peut contenir une grande quantité de munitions.

Cette fortification a remplacé un ancien château, nommé Bure, bâti en 1117 et pris par les troupes de Henri IV, le 26 mars 1572, sur un officier qui en était gouverneur pour le duc De Mercœur ; quelques mois après il fut repris par celui-ci, qui en fit abattre le donjon et conduire les canons à Saint-Malo ; il fut entièrement démoli en 1594, par ordre de Henri IV : c'est près de cet emplacement, sur le sommet d'une hauteur, qu'a été depuis bâti le château de M. De la Vieuville.

au roi de Prusse, fut remplacé par le général
Bligh, qui eut sous ses ordres le prince Edouard,
fils cadet de Georges II. Les Anglais débarquèrent auprès de Cherbourg, le 7 août, s'em-
parèrent de la ville laissée sans défense, dé-
truisirent les forts et les bassins qui avaient
coûté à la France des sommes considérables,
levèrent une forte contribution sur les habitants, et contents du mal qu'ils nous avaient
fait, allèrent se ravitailler dans les ports d'Angleterre.

Au mois de septembre suivant, l'amiral Howe
parut, pour la troisième fois, sur les côtes de
France, et effectua le débarquement dont on
a lu les détails dans les récits précédents.

« On attribue, dit Smolett, la perte de la
» bataille de Saint-Cast au général Bligh qui
» eut le tort de rester sur le rivage après avoir
» renoncé à l'attaque de Saint-Malo, de pé-
» nétrer trop avant dans les terres sans objet
» important, de faire connaître, par le bruit
» du tambour, les mouvements nocturnes de
» ses troupes à un ennemi qui avait le double
» de ses forces, de rester près de sept heures
» (de deux heures à neuf heures du matin)

(46)

» pour se rendre de son camp à la mer, c'est-
» à-dire pour faire environ six milles, et en-
» fin de tenter le rembarquement dans un
» lieu où l'on n'avait pris aucune mesure pour
» protéger les troupes et où les Français, au
» contraire, se trouvaient à l'abri derrière
» les petites collines de sable qui défendent le
» rivage. » Cet auteur croit que la bataille ne
fut pas considérable et que le ministère français
n'en publia un récit pompeux que pour exciter
l'enthousiasme de la nation. Du reste, il rend
justice à la modération que montrèrent les
Français après la victoire, et la trouve d'autant plus admirable que, de son aveu, les
Anglais pendant cette expédition, s'étaient
honteusement rendus coupables de pillage,
d'incendie et d'autres excès. (1) Il évalue la

---

(1) The ennemy exhibited a noble exemple of mo-
deration and humanity, in greating immediate quar-
ter and protection to the vanquished..... The clemency
of the victors was the more remarkable as the Britisk
troops in this expedition had been shamefully guilty
in rending, pillaging; burning and other excesses.

Smolett continuation de l'histoire de Hume,
chap. 14. page 675.—682, de l'édition anglaise, en
un volume in-8.°, London 1812.

perte de ses compatriotes à mille hommes dont cinq cents tués et noyés et autant de prisonniers. Dans le rapport que le général Bligh adressa du vaisseau l'Essex au Ministère anglais, il déclare avoir perdu de six à sept cents hommes ; mais ce rapport, à ce qu'il paraît, ne le justifia pas auprès de son gouvernement, car, à son retour en Angleterre, il eut ordre de ne pas reparaître à la cour.

La vérité est que le combat de Saint-Cast eut pour la France des résultats plus avantageux que la plupart des grandes batailles gagnées pendant la guerre de sept ans. C'est la défaite des Anglais dans cette journée qui les fit renoncer au vaste système d'invasion dont ils attendaient tant d'avantages. Smolett, lui-même, avoue que, de ce jour, les côtes de Bretagne et même de la France, restèrent, pendant tout le reste de la guerre, à l'abri des attaques de nos ennemis.

Dans les Mémoires de Duclos , se trouve un chapitre curieux sur les causes de la guerre de 1758, dans lequel il parle accidentellement de la bataille de Saint-Cast et évalue la perte des Anglais à deux mille morts et deux

mille prisonniers ; il pense même que si le duc
d'Aiguillon l'eût voulu, il ne se serait pas rem-
barqué un seul Anglais ; mais le commandant
de la province craignant, suivant Duclos, de
se commettre dans cette circonstance, hésita
long-temps à donner le signal du combat et
ce fut M. d'Aubigni qui prit sur lui d'engager
le feu. (1)

Cette accusation nous paraît d'autant plus
injuste que les relations établissent d'une ma-
nière positive, que le combat s'engagea aussitôt
que des troupes suffisantes furent réunies, et
le duc d'Aiguillon aurait encouru un blâme
mérité, si, à l'arrivée de chaque bataillon,
il l'eût exposé à être battu partiellement par
les Anglais. Duclos, ami de la Chalotais,
se prononça fortement contre l'adversaire du
fameux procureur-général ; les propos satyri-
ques qu'il se permit contre le Duc, blessèrent
les amis puissants que celui-ci avait à la cour,
et ce fut à cette occasion que notre illustre

---

(1) Mémoires des règnes de Louis XIV et de
Louis XV, par Duclos, dans la collection Petitot,
2.me série, tome 77, page 160 à 164.

compatriote reçut la *permission* d'aller voyager
en Italie. (1)

M. Lacretelle, dans son Histoire de France,
du dix-huitième siècle, (tome 3, page 345,)
parle aussi de la bataille de Saint-Cast; son
récit très-court n'offre rien d'intéressant et
contient cependant plusieurs erreurs ; il fixe
au 4 septembre le combat qui n'eut lieu que
le 11, porte le nombre des troupes anglaises
débarquées à treize mille hommes, et évalue
la perte qu'elles éprouvèrent, à cinq mille.
D'après les relations les plus exactes, il ne
débarqua pas plus de huit mille hommes,
dont trois mille seulement restaient sur le rivage au moment du combat et ne purent
regagner leurs vaisseaux. (2)

Il nous reste à rapporter quelques faits isolés
qui se rattachent à cette affaire.

---

(1) L'original de cette *permission* se trouve dans
les archives de la ville de Dinan.

(2) M. Lacretelle n'est pas plus exact dans ce qu'il
dit de l'expédition des Anglais sur Saint-Malo au

Une compagnie de Bas-Bretons, des environs de Tréguier et de Saint-Pol-de-Léon, marchaient pour combattre un détachement de montagnards Gallois, qui s'avançaient rapidement en chantant un air national, quand tout-à-coup les Bretons s'arrêtent stupéfaits ; ces airs étaient les premiers qu'ils avaient entendus près de leur berceau , c'étaient ceux qui tous les jours retentissaient dans les sauvages bruyères de la vieille Bretagne ; électrisés par des accents qui parlaient à leurs cœurs, ces hommes si impressionables cédèrent à l'enthousiasme, et entonnèrent le refrain patriotique qui venait de leur rappeler tout ce qu'ils avaient de plus cher. Les Gallois, à leur tour, restèrent immobiles. Les officiers des deux troupes commandèrent inutilement le feu ; mais c'était dans la même langue, et leurs soldats semblaient pétrifiés ; cette hésitation ne dura pourtant qu'un moment ; l'émotion l'emporta bientôt sur la

---

mois de juin, qu'il prétend avoir été dirigée par le célèbre amiral Anson , tandis qu'elle était réellement sous la conduite du commodore Howe.

Les auteurs de l'Art de Vérifier les Dates commettent la même erreur.

discipline, les armes tombèrent et les descen-
dants des vieux Celtes se mêlèrent, chantèrent
ensemble les exploits fabuleux de leurs an-
cêtres, l'ancienne gloire des héros de la Cam-
brie, celle des preux de la vieille Armorique.

Sans oser garantir ce fait, nous déclarons
qu'il nous a été raconté par plusieurs personnes
dont l'opinion peut faire autorité, et qu'il est
traditionnel dans le pays. Je laisse au lecteur à
tirer toutes les conséquences qui peuvent en
découler.

M. Ernest Fouinet, dans le morceau, d'ailleurs si bien écrit, qu'il a publié dans la Revue
de Bretagne (1) sous le titre de *Scènes de la bataille de Saint-Cast,* rapporte aussi ce trait, et
commet à ce sujet une erreur trop générale à
ceux qui écrivent sur notre pays, mais dont
un de nos compatriotes aurait dû se garantir. Il
fait parler Bas-Breton aux paysans de Saint-
Cast, Saint-Briac et Pleurtuit, habitants de la
Haute-Bretagne, où depuis plusieurs siècles la
langue celtique n'est plus usitée.

____

(1) Tome III, page 63.—Année 1833.

L'Annuaire ne doit pas oublier les noms de quelques-uns des habitants de Dinan qui eurent le bonheur de se distinguer dans ces journées.

M. Blanchard, médecin à Dinan, sa patrie, se rendit à Saint-Cast avec plusieurs de ses jeunes compatriotes et pria le capitaine des grenadiers de Boulonnais de lui accorder la permission de remplacer, comme volontaire, le premier de ses grenadiers qui serait tué. Le régiment, était un de ceux qui se trouvèrent le plus exposés; aussi Blanchard avait à peine formé sa demande, que les boulets ennemis vinrent ouvrir dans les rangs des grenadiers, la place qu'il sollicitait; il se saisit aussitôt des armes de l'un de ceux qui venaient de tomber, et combattit pendant toute l'action avec le régiment qui perdit beaucoup de monde.

Les Etats de Bretagne voulurent récompenser ce beau trait par une pension de deux cents livres; Blanchard la refusa en déclarant que, « né pour servir son pays, il était trop heureux » d'avoir contribué à la défaite des ennemis de » sa patrie. »

M. Hercouët, de Dinan, commandant une compagnie de canonniers gardes-côtes, se distingua particulièrement à cette affaire; on lui offrit la croix de Saint-Louis, mais c'était à la condition qu'il abandonnerait le commerce de tapisserie qui lui procurait l'aisance dont il jouissait; il refusa et reçut en échange une pension de cent écus, qu'il conserva jusqu'à sa mort. (1)

La bataille de Saint-Cast offrit à Saint-Malo, ville célèbre à tant de titres, une nouvelle occasion de prouver le courage et le patriotisme de ses habitants; beaucoup de Malouins combat-

____

(1) Cet honorable citoyen s'était également distingué, au mois de juin précédent, contre les Anglais, lors de leur descente à Cancale; relégué, avec dix-huit hommes, dans un moulin défendu par des piquets et quelques fascines, il empêcha alors les Anglais de pénétrer sur la grève à mer basse, retarda de quelque temps leur invasion dans le faubourg de Saint-Servan, leur tua plusieurs maraudeurs et un officier supérieur, s'empara des chevaux et équipages de ce dernier, les fit vendre et en distribua le produit aux soldats de sa compagnie; les habitants de Saint-Servan lui votèrent une récompense.

tirent avec valeur à Saint-Cast, où plusieurs furent blessés et quelques-uns tués. (1)

La conduite du commandant de l'armée française à Saint-Cast, a eu trop de retentissement parmi nous et trop d'influence sur le reste de la vie de cet homme d'état, pour qu'il ne soit pas convenable de rapporter ici quelques traits de son histoire qui se rattache en beaucoup de points au sujet que nous venons de traiter. Cette histoire, d'ailleurs, résume à elle seule une époque tout entière.

Aimé de la duchesse de Châteauroux, d'Aiguillon fut exilé à l'armée d'Italie par Louis XV qui voulait le supplanter ; la quatrième fille de la maison de Nesle vint en effet bientôt prendre, dans cette cour dissolue, la place qu'avaient successivement occupée trois de ses sœurs.

---

(1) Le chapitre de Saint-Malo fonda, dans cette ville, un service annuel pour le repos des âmes des Français qui avaient perdu la vie dans la bataille.

Une procession solennelle a lieu tous les ans, à Saint-Cast, le 11 septembre, en actions de grâces de la victoire remportée ce jour-là sur l'armée anglaise.

D'Aiguillon, à l'armée d'Italie, prouva que la qualité de courtisan n'excluait pas la bravoure, comme plus tard on a voulu l'insinuer à son égard ; il s'y distingua et y fut blessé en 1741. Il dut cependant plus à la faveur qu'à ses services d'avoir été successivement nommé gouverneur de l'Alsace et commandant de la Bretagne. Dévoué à la cour, il en avait toutes les allures, et ne pouvait plaire dans un pays d'opposition qui prétendait encore conserver ses franchises contre les empiétements continuels de la couronne ; aussi la lutte devait-elle nécessairement s'engager entre l'administrateur qui cherchait à donner plus d'extension aux droits du roi *de France*, et le procureur-général des États qui défendait les priviléges de la Bretagne.

Le Parlement ayant résisté à quelques édits bursaux, le duc d'Aiguillon déploya un appareil militaire et une sévérité qui blessèrent l'esprit d'indépendance si général dans cette province ; on qualifia sévèrement la conduite du gouverneur, on lui reprocha son faste, et on l'accusa de n'avoir pas pris une part assez active à la victoire remportée sur l'armée anglaise.

Le Parlement informa contre lui, pour cause d'exaction et d'infidélité; il voulut faire casser le parlement et tenta d'en créer un nouveau; fit accuser, poursuivre, emprisonner le procureur-général : la Bretagne le défendit; et le courroux des Bretons, on le sait, ne se résout pas en murmures sourds comme l'orage qui gronde au loin sans éclater : c'est la tempête qui brise tout ce qu'elle peut atteindre; elle atteignit d'Aiguillon jusqu'à la cour, presque sur les marches du trône et le força à se placer sous la protection honteuse de Mme Du Barry. [Remplacé par le duc De Duras, son procès fut évoqué au parlement de Paris, qui se déclara contre lui. Le Duc paraissait perdu lorsque sa protectrice obtint du Roi qu'il supprimerait la procédure. Le parlement irrité, anticipant sur son propre jugement, rendit le 4 juillet 1770, un décret qui le déclarait « prévenu de faits qui enta-
» chaient son honneur et suspendu des fonc-
» tions de la pairie jusqu'à son jugement. »
Louis XV dans un lit-de-justice, tenu à Versailles, où l'accusé siégea parmi les Pairs, humilia le parlement et décerna un triomphe complet à celui que ce grand corps voulait frapper. La favorite fit enlever du greffe toutes

les pièces de la procédure qui se trouva ainsi
anéantie. (1)

D'Aiguillon qui autrefois avait été exilé, con-
tribua à son tour à l'exil de Choiseul, et fut
nommé ministre des affaires étrangères. C'est
de son triumvirat avec l'abbé Terrai et le chan-
celier Maupeou que commence la fermentation
des esprits qui, vingt ans plus tard, emporta la
monarchie.

L'histoire du duc d'Aiguillon se rattache à

---

(1) Pour lui témoigner sa reconnaissance, le duc
d'Aiguillon lui fit cadeau d'une voiture magnifique
dont les ornements seuls avaient coûté cinquante-
deux mille livres ; les vers suivants circulèrent dans
tout Paris, lorsque la favorite osa se montrer dans
ce *scandaleux* équipage.

> Pourquoi ce brillant vis-à-vis?
> Est-ce le char d'une déesse
> Ou de quelque jeune princesse?
> S'écriait un badaud surpris.
> Non, de la foule curieuse
> Lui répond un caustique , non ;
> C'est le char de la blanchisseuse
> De cet infâme d'Aiguillon.

une question aujourd'hui encore toute palpitante d'intérêt. C'est du début de ce ministre dans la carrière politique que date le partage de la Pologne, crime diplomatique dont les conséquence funestes pèsent plus que jamais sur l'Europe , comme le remords déchirant sur la conscience d'un grand coupable. Ce mot de Louis XV « Ah si Choiseul avait été là ! » accuse assez l'ex-gouverneur de la Bretagne. Il se glorifia plus tard d'avoir puissamment contribué à la révolution, qui en 1772, rendit au roi de Suède le pouvoir absolu.

Disgracié à l'avénément de Louis XVI , abandonné par son oncle Maurepas qui , pour le sauver ; n'osa lutter contre la haine publique, il fut exilé en 1775 et mourut loin de la cour qui était sa patrie.

Pour compléter ce tableau, nous devons ajouter que le duc d'Aiguillon passe pour auteur *des Pièces choisies d'un Cosmopolite* et *de la Suite de la Nouvelle Cyropédie* ou *Réflexions de Cyrus sur ses Voyages,* deux ouvrages considérés comme les plus impies et les plus licencieux de ce temps d'impiété et de licence. Il eut pour collaborateurs au dernier, la princesse De Conti, l'abbé Grécourt et le père Vinot, oratorien !.....

En 1820, les cantons de Matignon et de Ploubalay présentèrent une pétition pour demander au Gouvernement de faire élever sur le champ de bataille de Saint-Cast, un monument qui consacrât le souvenir de la victoire remportée dans ce lieu par l'armée française, la milice et les volontaires bretons : cette pétition est restée sans réponse.

Ce monument était-il moins national que quelques-uns de ceux dont on s'occupait alors ? La patrie devait-elle moins aux guerriers qui avaient payé de leur sang pour l'affranchissement du territoire, qu'à Agnès Sorel, dont la statue s'élevait à cette époque, aux frais de l'Etat, sur l'une de nos places publiques, et rappelait à tous les causes d'une célébrité que plus d'une mère a dû être embarrassée d'expliquer à sa jeune fille.

A défaut de monument, puissions nous avoir fait quelque chose d'agréable à nos concitoyens en leur offrant la relation la plus complette qui ait encore paru sur une bataille gagnée par nos pères, pour la défense de la Bretagne. Après soixante dix-huit ans et plusieurs révolutions qui ont changé la société jusque dans ses bases, il nous est doux de rappeler les noms de ceux qui se sont distingués dans les journées dont nous venons de raconter l'histoire. Les institutions politiques changent, les dynasties se succèdent, mais ce qu'on fait pour la patrie, n'est jamais perdu, l'estime publique en tient compte dans tous les temps et sous toutes les formes de gouvernement.

LÉGENDE

POUR

LE PLAN DU COMBAT DE S.t-CAST.

---

1. Débouché de la droite aux ordres de M. de Balleroy.
2. Royal des Vaisseaux.
3. Bourbon.
4. Brissac.
5. Bresse.
6. Quercy.
7. Compagnies des Grenadiers.
8. Quatre cents dragons de Marbœuf à pied.
9. Douze piquets d'infanterie.
10. Boulonnais.
11. Brie.
12. Fontenay-le-Comte.
13. Marmande.
14. 1.er bataillon des Volontaires Étrangers.

15. Débouché du centre aux ordres de M. de Broc.
16. Débouché de la gauche aux ordres de M. d'Au=
    bigni.
17. Réserve aux ordres de M. de Saint Pern.
18. Premier emplacement des batteries.
19. Second emplacement des batteries.
20. Gardes-Côtes.
21. Vaisseaux, frégates et brigantins anglais.
22. Galiotes à bombes.
23. Trois bateaux coulés par l'artillerie française.

A. Bourg de Saint-Cast.
B. Village de Lesrots.
C. Village de l'Isle.
D. Village de la Garde.
E. Moulin d'Anne.
F. Moulin du Chesne.
G. Pointe de la Garde.
H. Pointe de l'Isle.
I. Grève.
K. Retranchements occupés par les Français après
    les avoir forcés. (1)

---

(1) « Ces retranchements n'avaient pas été faits par les Anglais qui
» n'en auraient pas eu le temps, mais par nos gardes-côtes, qui les
» élevèrent en 1740. »

Abbé Manet, Hist. inédite de le ville
de Saint-Malo.

www.ingramcontent.com/pod-product-compliance
Lightning Source LLC
Chambersburg PA
CBHW051241030726

47595CB00003B/1022